ARLES LA BLEUE

Avec le soutien de la Province de Liège

LES ÉDITIONS DE LA PROVINCE DE LIÈGE
Boulevard de la Sauvenière, 77
4000 Liège (Belgique)

Courriel : info@edplg.be
www.edplg.be

Imprimé en Belgique

Publié avec l'appui du CELES
et l'aide de la Ville de Verviers

D/2017/13.530/14
ISBN : 978-2-39010-097-3

VIVIANE BOURDON

ARLES LA BLEUE

COMMENT C'EST-Y QU'ON DIT ?

COMMENT C'EST-Y QU'ON DIT ?

On doit dire : à Arles.
Bêke,
je ne sais pas vous,
mais moi cela me reste dans le gosier.
J'ai donc choisi : « en Arles » même si j'y ai souvent entendu : « sur Arles ».

D'après ma semaine du beau langage,
en Arles tout comme en Avignon sont deux provincialismes provençaux.
Alors, j'aurais bien tort de ne pas y recourir.

Y'A PHOTOS

Y'A PHOTOS

Il y a longtemps, bien longtemps, très longtemps,
au tournant d'un certain siècle,
la photographie sortit de l'antre des émules de Nadar
pour fréquenter les lieux à la mode.
Il fut bien sûr de bon ton de demander, en levant son haut de forme,
l'autorisation de vous tirer la binette.
Entre gens du même monde et même du grand monde.

Quand je suis entrée à La Meuse-Verviers,
diplôme de l'Académie des Beaux-Arts de notre bonne ville en poche,
cette courtoisie était tombée en désuétude.
Je pus donc, la conscience en paix, mitrailler mon prochain à loisir.
Le « t'as vu, t'es dans la gazette ! » me valut d'ailleurs
tant et plus de louanges comme d'amateur(trice)s de mes clichés.

Un demi-siècle plus tard, je m'aperçus enfin
que les choses avaient bien évolué et qu'il existait désormais
un droit à l'image.
Ce dernier réservait prise de vue et/ou publication
à l'accord de l'intéressé(e). Ou même du propriétaire d'un bâtiment (!).
Visiblement l'usage pervers du web ne devait pas y être pour rien.

16

Alors le linge encordé dans une impasse, le mur qui tourne,
l'arcade plus loin etc... J'ai jugé que, pour eux, il était interdit d'interdire.
Na !

Mais qu'en était-il des petits et des grands,
isolés d'un groupe pour en faire un portrait,
lors de l'un ou l'autre événement où la moitié d'Arles en civil
regarde défiler l'autre en costume ? Comment identifier mes modèles,
comment les contacter en supposant qu'ils puissent être reconnus ?
La quadrature du cercle, un nœud gordien qu'il m'a fallu trancher.

Car... Car tout qui porte le costume en Arles
peut se joindre spontanément à un groupe sans se présenter
et donc rester parfaitement anonyme.
De plus, il existe un accord tacite : tout qui endosse le costume
peut être photographié sans qu'il en soit fait la demande.
Désirant en avoir le cœur net, je me suis adressée à une amie française,
juriste de profession.
Merci, Marie-Odile pour votre recherche où il appert que les tribunaux
français saisis de cas divers ont débouté les plaignants.
Ils ont pris fait et cause pour le droit au cliché d'information
même lorsqu'il concernait des mineurs.
Il n'y avait dès lors plus, dans le chef du photographe,
atteinte à la vie privée. Pour en terminer,
qui ne dit mot consent lorsqu'il a été vainement consulté.

J'AI VU ARLES EN BLEU

J'AI VU ARLES EN BLEU

À force d'errer dans la ville ancienne,
d'y user mes godasses,
j'y ai vu tout en bleu.
Bleu du ciel et du fleuve,
bleu des rues mouillées par la pluie,
bleu des volets et des portes,
le bleu aurait bien aussi la réputation
de faire la nique aux moustiques.
Enfin selon les Arlésiens
dont certains d'ailleurs ne craignent pas
d'arroser copieusement leur bout de pelouse en été.
Le soir venu quand il y a des Verviétois sur le gazon,
c'est fou ce que les bébêtes sont mises en appétit.

Le bleu paraît donc inopérant.
Voire car je pourrais arguer que l'herbe,
sauf dans les toiles de Chagall, n'est pas bleue mais verte.
Et pourtant, dans cette ville que les natifs ne voient pas bleue,
j'ai découvert une impasse Girard le Bleu.

IMPASSE
Girard le BLEU
34

Girard vécut à une époque dramatique.
Les oliviers avaient gelé sur pied l'hiver.
De terribles inondations avaient ravagé le pays
et une grande peste avait tué un tiers des Arlésiens.
Le blé était cher, trop cher.
La Révolution ne nourrissait pas davantage son homme que la royauté.
Girard était garde municipal et portait un uniforme bleu.
Son proche voisin s'appelait aussi Girard
et l'on prit l'habitude de les distinguer par une couleur.
Bleue, mais là je n'y suis pour rien !
Pour ce qui suit non plus, d'ailleurs...

IMMOBILIER
ANCIENNE CARRIERO DE L'HERBOLARIE
RUE DES THERMES
BAR TABAC
STELLA ARTOIS

AU PAS CAMARADE, AU PAS, AU PAS…

AU PAS CAMARADE, AU PAS, AU PAS…

Ce que j'aime dans le vieil Arles, c'est l'absence de touristes.
À l'exception de quelques égarés dans mon genre, bien sûr.
Les rues larges d'une voiture se coupent à angle droit.
Avisse ! Aux « belles américaines » : mieux vaut ne pas s'y frotter.
Leurs conducteurs y gagneraient des sueurs froides
à vouloir tourner à droite ou à gauche.
Tout droit, cela va
pour autant que l'on ne tombe pas dans le piège d'une impasse.

IMPASSE

Pas de trottoir, ou si peu.
Piétons au milieu ! Le piéton est roi.
C'est fou ce que cela change l'angle de prise de vue.
Quant aux voitures derrière vous : au pas camarade, au pas, au pas...
Jusqu'à ce que vous vous aperceviez de leur présence
et vous rangiez où faire se peut.

Un boulevard, c'est deux autos qui se croisent,
comme celui où vécut longtemps Jeanne Calment
dont Charles Leuther, peintre verviétois,
fit le portrait cinq ans avant sa mort.
Il y a bien sûr l'Arles moderne avec, par exemple,
les Ateliers du Chemin de fer reconvertis parfois au dolce farniente
et, fort heureusement, le boulevard des Lices,
mais lui fait presque office d'autoroute.
Alors pour le traverser !
Sauf quand c'est jour de marché,
de Pégoulado,
de Prémices du riz,
toute circulation y étant interdite.
Je puis donc le remonter tranquillement
à moins que les photographes de la ville ne me crient :
ma belle, tu es encore dans le chemin !

Télérama

Quoi encore ?
Se dire que l'on peut passer dix fois,
vingt fois au même endroit
avant que brusquement l'image ne s'impose au détour.
Ah ! Ce reflet mauve dans une lanterne !
Ces éclairages que l'on ne retrouve jamais deux fois.
Ces volets qui s'entr'ouvrent.

Mais la photo n'est-elle pas l'art de l'instant ?

IL PLEUT SUR ARLES

IL PLEUT SUR ARLES

Ah, le soleil de Provence !
Sauf que...
Sauf qu'il y a des gens comme ça qui, partout où ils vont,
amènent leur douche nationale.
C'est le cas du Comité de jumelage Verviers-Arles,
et c'est bien sûr mon cas.
Mais je n'en suis pas mécontente au vu des images mises en boîte.

Explication :
nous arrivons et le lendemain matin : tiens, il pleut.
Il y a bien longtemps que nous n’avons plus eu la moindre goutte.
Sourires satisfaits.
Le matin suivant : il pleut.
Encore !
Regards pleins de suspicion.
Et nous de prier le ciel pour qu’il change rapidement d’humeur.

PHARMACIE
GRATUITE
PROGRESSIVE
1 = 2
CAUDALIE

Conclusion dictée par l'expérience :
les Arlésiens n'aiment l'eau qu'occasionnellement,
un peu à la fois mais pas de trop quand même,
surtout quand ils la versent bien fraîche et sans glaçons
sur leur pastaga[1].

1 Pastis, de préférence Ricard.

POPLE D'ARLE, VEICI TA RÈINO

POPLE D'ARLE, VEICI TA REINO

À ces mots, une immense clameur monte de la place de la République
pleine comme un œuf.
La reine et ses demoiselles d'honneur apparaissent au balcon.
Certaines sont en larmes et ont succombé à l'émotion ou à la déception.
J'ai vu l'une d'elles tout juste proclamée
se perdre brusquement dans ses pensées.
Pour ces jeunes femmes
un parcours s'achève,
et celui de trois ans qu'elles vont aborder sera lourd, très lourd.
N'est pas reine ni accorte suivante qui veut.
Rien d'une sinécure.
Il leur faudra représenter Arles et la Provence partout où elles iront.
Et elles iront partout.

Pour devenir le premier personnage de la cité,
du moins en Arles, la reine,
tout comme d'ailleurs les autres candidates,
a dû faire preuve de sa connaissance du Provençal
– elle aura à s'exprimer en cette langue
aujourd'hui enseignée dans les écoles –
de l'histoire, des traditions du pays d'Arles
d'où elle (ou ses ascendants) doit être originaire.
Le célibat, de même que les cheveux longs, sont une obligation
et avoir également entre 18 et 24 ans au moment de l'élection.
Elles ne sont pas des mannequins mais devront endosser
avec une élégance rare le costume.
Ici le bât blesse un peu car la garde-robe
n'est pas à la portée de toutes les bourses.

Enfin, condition *sine qua non* :
la reine devra se montrer bonne cavalière.
Or monter en croupe en grand apparat n'est pas des plus évident.
Du moins à nos yeux.

Palais de Justice
REST. PLEIN SUD
DE LA POSTE

JOURS DE FÊTES

JOURS DE FÊTES

Jour de fête boulevard des Lices.
Jour de fête au Théâtre antique.
Jour de fête dans l'Amphithéâtre romain.
Jour de fête place de la République.

Or, la fête en Arles, c'est le costume.
Pour les hommes, la tenue réglementaire
et réglementée par une charte, des gardians,
ne constitue pas un problème.
Mais elles ?
Elles, les Arlésiennes, comment font-elles ?
Pourquoi acceptent-elles de porter des cotes d'un autre âge
sans en mourir de chaleur,
sans même avoir l'air de transpirer ?

Té, répond Jeannette, elles y sont habituées dès pitchounettes.

Tout commence donc dans les bras de maman.
Comme maman avait commencé dans les bras de la sienne.
Et la sienne dans ceux de sa mère à elle, etc.
Etc.

Mais, c'est vous Monsieur Mistral[2] ?
Comment vous portez-vous
et comment se portent ces Messieurs du Félibrige,
vos amis poètes ?

2 Dans le civil, M. Mistral est Eugène de son petit nom.

Ils sont sept à avoir, en 1854, fondé une association de défense
et de renouveau de la langue d'oc, dont relève le Provençal,
à qui ils vont donner une grammaire et dont ils vont codifier l'orthographe.
Un dictionnaire provençal-français suivra.
De quoi remettre à sa place la langue d'oïl
imposée par Paris à toute la France.

DU 31 MARS • AU 1er
ARLES

En 1859, Mistral écrit Mirèio (Mireille)
dont Gounod tirera un opéra et qu'un Nobel de littérature couronnera
tout spécialement en 1904 car écrit dans une langue dite minoritaire.
L'histoire en vers de Mirèio, jeune demoiselle d'un mas,
morte d'un impossible amour pour Vincèn, humble vannier,
est un véritable document sur les us et coutumes dans la Camargue
au milieu du XIXe siècle.
Et encore bien davantage.
Ainsi le personnage de Mirèio a pris rapidement une valeur éponyme.
Les vêtements de simplicité portés par la jeune fille au quotidien
ont inspiré ceux des Mirèieto d'aujourd'hui avec leur coiffe spécifique.
En Arles, plus d'un siècle après la mort de Mistral,
il se trouve toujours des fillettes leurs six ans révolus,
pour échanger le bonnet,
le béguin de la petite enfance contre la cravate à bannettes.
Contrairement à ce que l'on pourrait penser,
celle-ci ne se noue pas autour du cou mais se pose,
toute blanche et tout savant pliage, sur les cheveux relevés.
Rite de passage officialisé par un défilé en ville,
véritable adoubement sur la voie royale du costume.

Enfin, elles ont quinze ans.
Le grand moment est venu.
De taffetas ou de soie,
la robe longue à traîne qu'elles revêtiront bientôt
est précieuse à plus d'un titre.
Il y a lieu de parler ici d'héritage,
de traditions et aussi de savoir-porter.
Deux heures de préparatifs à condition d'être aidées
par des « femmes de chambre » avisées.
Entendu lors d'une réception à l'hôtel de ville :
« Je suis épuisée.
J'ai passé la nuit la tête sur les bras repliés
tant j'avais peur de me décoiffer. »

Il y a également tous les accessoires,
les dentelles, les bijoux, tout ce qui comme trésors familiaux,
comme « dorures » jadis partie de la dot, peut sortir des armoires.
Et puis il y a le ruban.
Il peut être Louis-Philippe ressemblant à un genre de turban
gracieusement noué à mi-chevelure qu'il enveloppe en partie.
Pour les néophytes,
le premier ruban sera de velours à dessin noir sur fond bleu marine.
Plus tard, il va diversifier ses couleurs au gré de son tissage
et « sabré » pour obtenir son relief
et s'assortir dans un subtil dégradé avec la robe.
Son corsage : la chapelle se détaille dans un plastron,
une guimpe et deux fichus superposés.
Celui du dessus comporte cinq plis épinglés.
Et qui s'y frotte s'y pique !

Plus simple paraît dès lors la coiffe dite « en oreilles de lapin ».
À éviter cependant sous nos climats car alors les oreilles s'affaissent,
s'affaissent... sous le poids de l'humidité.

UN ŒIL NOIR LES REGARDE

UN ŒIL NOIR LES REGARDE

Ils ont ça dans le sang !
Si, en Arles, toutes les petites filles rêvent de devenir reine,
les garçons se voient, eux, très bien en marquis de Baroncelli,
ami de Mistral et du Félibrige.

Lou Marqués a donné à la Camargue son image de marque
avec ses manades, ses gardians, leurs chevaux et leurs taureaux.
Dans les Arènes, nos gamins remportent Cocarde d'or ou d'argent,
brillent dans une Course de satin,
rivalisent d'exercices de haute école,
triomphent dans l'art du raset.

Ah, ces chevaux de Camargue dont la robe s'éclaircit en grandissant !
Tous ces crins blancs qui déboulaient jadis sur l'écran de nos dimanches.
Ils nous ont émus, ravis, inspirés.
Par contre au niveau des taureaux,
l'accueil chez nous est loin d'être le même.
Et pourtant…

EMPRESA

Pourtant, le petit taureau de Camargue, dit biòu,
avec ses cornes en forme de lyre,
n'est en rien une machine de guerre, style espagnol.
S'il entre dans l'arène, c'est pour briller et non pour être tué.
Je l'aime bien, moi, ce petit taureau-là.
Surtout quand il saute la barrière de planches
et poursuit ceux qui s'y sont réfugiés.
Et malin avec cela !
J'en ai vu un qui,
estimant qu'il nous en avait donné pour notre argent,
alla se planter résolument devant l'orchestre.
Celui-ci exécuta sa partition, rouvrant ainsi les portes
et maître Biòu de s'en retourner au bercail, devoir accompli.
Les rasetteurs attendirent l'entrée du taureau suivant
pour lui recourir après, à moins que ce ne soit l'inverse,
et lui enlever ses attributs : la cocarde s'accroche au dessus du front
et les glands à chaque corne.
Ce qui ne va pas sans mal ni sans s'écraser bruyamment
et parfois méchamment contre les gradins.
Aïe, aïe...

Si l'homme en blanc est récompensé,
il en est de même pour le meilleur taureau.
Un biòu d'or et c'est la fête dans sa manade.

MOUTET
MATRAY
MARQUIER
MOINE
JOURDAN
FOUQUE
MIRALLES
JOCKIN
ROUX

B.A.-BA. ARLÉSIEN

B.A.-BA. ARLÉSIEN

Le boulevard des Lices :
il fut d'abord un chemin longeant des remparts aujourd'hui disparus.
Au Moyen-Âge, on y entrait en lice pour y jouter gaillardement.
Au XVIIIe siècle, on le planta d'arbres
et il devint la promenade favorite des Arlésiens.
De nos jours, le marché s'y tient deux fois par semaine.
Celui du samedi est le dernier salon où l'on cause.
S'y déroule la Pégoulado,
en bon français « la fête du costume »
où l'on n'a pas assez de ses deux yeux pour tout voir et admirer.
Les Prémices du Riz et le Corso s'y tiennent également.
Quant à ses terrasses,
il y est toujours l'heure du pastis.

L'amphithéâtre dit familièrement « les arènes » :
il date du Ier siècle de notre ère
et fut bâti pour abriter 20.000 spectateurs.
Cadre de la Feria de Pâques
et en septembre de celle du riz dite goyesque
car le sable y est mis en couleurs et redessiné
par un artiste en renom,
il ne voit plus passer des gladiateurs
mais des taureaux et des chevaux.
Le costume y est à la fête quand,
au son des fifres et des tambourins,
on y danse la farandole.

Le Théâtre antique :
premier monument construit
après qu'Arles soit devenue colonie romaine,
il pouvait contenir quelque 10.000 amateurs.
Malheureusement, il en reste peu de chose.
Mais, c'est ici qu'a lieu, tous les trois ans,
la passation de pouvoir d'une reine à l'autre.
Moment magique et haut en couleurs avec des costumes à gogo.
Waouh !

La place de la République :
il y bat le cœur d'Arles avec l'hôtel de ville,
Arles n'ayant pas de mairie.
Du balcon, est proclamée tous les trois ans la nouvelle reine d'Arles.
Au centre de la place, l'obélisque qui trônait dans le cirque romain.
C'est aussi un résumé d'histoire
avec la cathédrale romane St Trophime,
son cloître qui accueille tous les ans un salon des santonniers,
l'église Ste Anne, énorme et désacralisée,
lieu privilégié de grandes expositions.
Enfin, le club des jumelages a son siège dans l'ancien hôtel des postes,
belle vue depuis le balcon.
Non loin, la place du Forum où Van Gogh avait ses habitudes
au Café de Nuit.